KB264595

인물로 보는 세계 역사

LIVE 세계사

8 베트남

천재교육

┌─ 글 **이한율**

'세상을 놀이처럼 배울 수는 없을까?'라는 의문을 품고 작가가 되었습니다.
역사, 과학, 수학 등의 이야기를 만화 스토리와 콘티로 재미있게 풀어쓰는 작업을 하고 있습니다.
쓴 책으로는 《수학 요괴전》, 《꿈꾸는 유비쿼터스 세상(우수과학도서 선정)》, 《만화 아프리카의 눈물》,
《열려라 지하도시》, 《날아라, 우주공학단》 등이 있고, 어린이 과학 잡지 《우등생 과학》에 '불똥' 시리즈를
연재하였습니다.

┌─ 만화 **윤재홍**

《우리 속담》을 시작으로 꾸준히 학습만화를 그리고 있습니다.
대표 학습만화로는 《LIVE 과학》 시리즈, 《우등생 과학》의 '불똥의 돌연변이 세상'과 '탐정 탱구'가 있습니다.

┌─ 학습·감수 **황은희**

고려대학교 역사교육과와 서울교육대학원 사회과교육과에서 공부했어요.
초등학교 교사로 재직하고 있으며, 어린이와 역사 교육에 대해 고민하며 활동하고 있습니다.
지은 책으로는 《그림으로 보는 한국사》, 《나의 첫 세계사 여행(인도·동남아시아)》, 《어린이들의 한국사(공저)》
등이 있습니다.

LIVE 세계사 ⑧ 베트남

발행 | 2022년 9월 20일 초판 **인쇄** | 2022년 9월 10일 1쇄
발행처 | (주)천재교육
글 | 이한율 **만화** | 윤재홍 **삽화** | 김석 **학습·감수** | 황은희
편집 | 천재교육 만화사업팀 **북디자인** | Design Plus
사진 제공 | 셔터스톡, 위키피디아, 천재교육
신고번호 | 제2001-000018호(1980.5.28)
팩스 | 02-3282-1717
고객만족센터 | 1577-0902
주소 | 08513 서울특별시 금천구 가산로9길 54
홈페이지 | www.chunjae.co.kr

ISBN 979-11-259-7042-2 74900
ISBN 979-11-259-7034-7 74900 (세트)

인물로 보는 세계 역사
LIVE 세계사
8 베트남

시련을 딛고 날아오르는
베트남의 역사를 만나 볼까요?

베트남 하면 뭐가 떠오르나요? 밀짚모자를 쓰고 논에서 일하는 사람들, 전통 의상인 아오자이를 입고 자전거를 타는 학생들, 출퇴근길의 오토바이 부대들, 그리고 쌀국수와 반미 샌드위치도 빼놓을 수 없죠? 베트남의 정식 국가 이름은 '베트남 사회주의 공화국'이에요. 아시아 동남쪽의 인도차이나반도에 있는 국가로 중국, 라오스, 캄보디아와 국경을 맞대고 있는 남북으로 긴 'S'자 모양의 나라예요. 일 년 내내 덥고 비가 자주 내리는 곳이 많으며, 다양한 열대 과일도 맛볼 수 있어요.

베트남은 우리와 비슷한 문화와 역사를 갖고 있어요. 오랫동안 중국과 교류하고 대립하면서 영향을 받았기 때문이지요. 베트남은 중국에서 유교를 받아들이고, 한때 한자를 사용하기도 했어요. 그러면서도 자신들의 전통을 잃지 않고 베트남만의 독자적인 문화를 발전시켰답니다.

베트남의 역사는 외국 세력에 대한 '저항의 역사'라고 할 수 있어요. 북부 베트남 지역은 오랫동안 중국의 지배를 받았는데, 독립을 위해 끈질기게 저항했고 큰 나라인 중국의 침입을 물리쳤어요. 19세기에 유럽이 동남아시아 국가들을 하나둘 손아귀에 넣으면서, 베트남도 프랑스의 식민지가 되었어요. 하지만 베트남 사람들은 독립을 위해 다양한 형태의 저항을 했고, 전쟁에서 승리해 프랑스를 몰아냈지요. 기쁨도 잠시 베트남은 남북으로 나뉘고 강대국인 미국과 또 전쟁을 벌여야 했답니다. 하지만 모두의 예상을 뒤엎고 미국에 승리를 거두고 통일을 이루었어요. 베트남이 수많은 시련을 딛고 날아오를 수 있었던 이유는 무엇일까요?

지금부터 베트남의 역사 이야기를 만나러 여행을 떠나 볼까요?

황은희
서울 창림초등학교 교사

나비 효과! 연약한 나비의 날갯짓 하나가 지구 반대편에 있는 나라에 큰 태풍을 만들어 낼 수 있다는 뜻이에요. 지구촌에 사는 우리 모두가 밀접하게 서로 영향을 주고받는다는 것을 보여 주는 말이지요. 《LIVE 세계사》는 세계인과 친구가 되고 함께 살아갈 여러분에게, 흥미 있는 세계사를 보여 줄 것입니다.

김태규
서울 장충고등학교 교사

현재 우리가 살아가는 지구에는 수많은 나라와 역사가 있어요. 그 역사 속 사람들을 알고 싶다면 《LIVE 세계사》를 읽어 보는 것은 어떨까요? 여러분이 꼭 알아 두면 좋을 인물을 중심으로 한 재미있는 만화를 읽을 수 있어요.

김현숙
서울 덕수중학교 교사

《LIVE 세계사》는 세계 여러 나라의 역사를 중요 인물과 사건을 통해 살펴보고, 이와 관련된 주변 나라의 역사와 나아가 세계 역사 흐름을 살펴보려는 책입니다. 인물과 사건, 그리고 유적과 유물을 통해 세계는 연결되어 있고, 과거와 현재가 이어지고 있음을 알 수 있습니다.

왕홍식
서울 보성중학교 교사

여러분이 친구들과 많은 것을 함께 나누는 것처럼 세계 여러 나라 사람들도 이웃 나라, 심지어 지구 반대편 먼 나라 사람들과 만나 많은 것을 주고받았어요. 그 결과물이 세계사이지요. 《LIVE 세계사》는 곳곳에 우리나라 이야기도 들어 있어 편하게 만날 수 있을 거예요.

이강무
서울 인창중학교 교사

이 책의 특징

1 여행 지도

해당 나라의 지도와
함께 수도, 언어, 기후,
국기 등 기본 정보를
알아봅니다.

2 만화와 정보 박스

세계 역사 속 주요 인물을
재밌는 스토리와 함께
만화로 만나 봅니다.
정보 박스를 통해
놓치기 쉬운 학습 정보를
보충합니다.

3 세계사 들여다보기
세계사 넓게 보기
세계사 깊게 보기

해당 나라에 관련된
정보를 읽고,
그 시기에 주변 나라와
우리나라는 어떤 일이
있었는지 살펴봅니다.

쯩짝·쯩니 자매 (14년~43년)

남비엣으로 불린 북부 베트남은 북쪽으로 맞닿아 있는 중국 한나라의 지배를 받게 되었어요. 이 상황에서 벗어나기 위해 나선 사람이 바로 쯩짝, 쯩니 자매예요. 쯩짝은 남편이 한나라에 맞서다 죽자, 반란군을 이끌기 시작했어요. 쯩니도 언니와 뜻을 함께했죠. 사람들은 뛰어난 *전략가이자 호랑이를 때려잡을 정도로 용감했던 자매를 믿고 따랐어요. 결국 남비엣은 한나라를 몰아내고 40년에 독립 왕국을 세웠어요. 쯩짝은 왕의 자리에 올랐지만 3년 뒤 다시 한나라에게 □했고, 두 자매는 스스로 목숨을 끊었다고 전해져요.

놀이 퀴즈

미로 찾기, 가로세로
낱말 퀴즈, 사다리 타기 등
재밌는 퍼즐을 이용해
학습한 내용을
확인해 봅니다.

문제 퀴즈

세계사와 관련된 다양한
유형의 문제를 풀면서
학습한 내용을 점검하고
교과를 비롯한 여러 가지
시험에 대비합니다.

연표

인물과 사건을 중심으로
역사의 흐름을 이해하고
같은 시기에 우리나라와
다른 나라에서 일어난
사건과 비교해 봅니다.

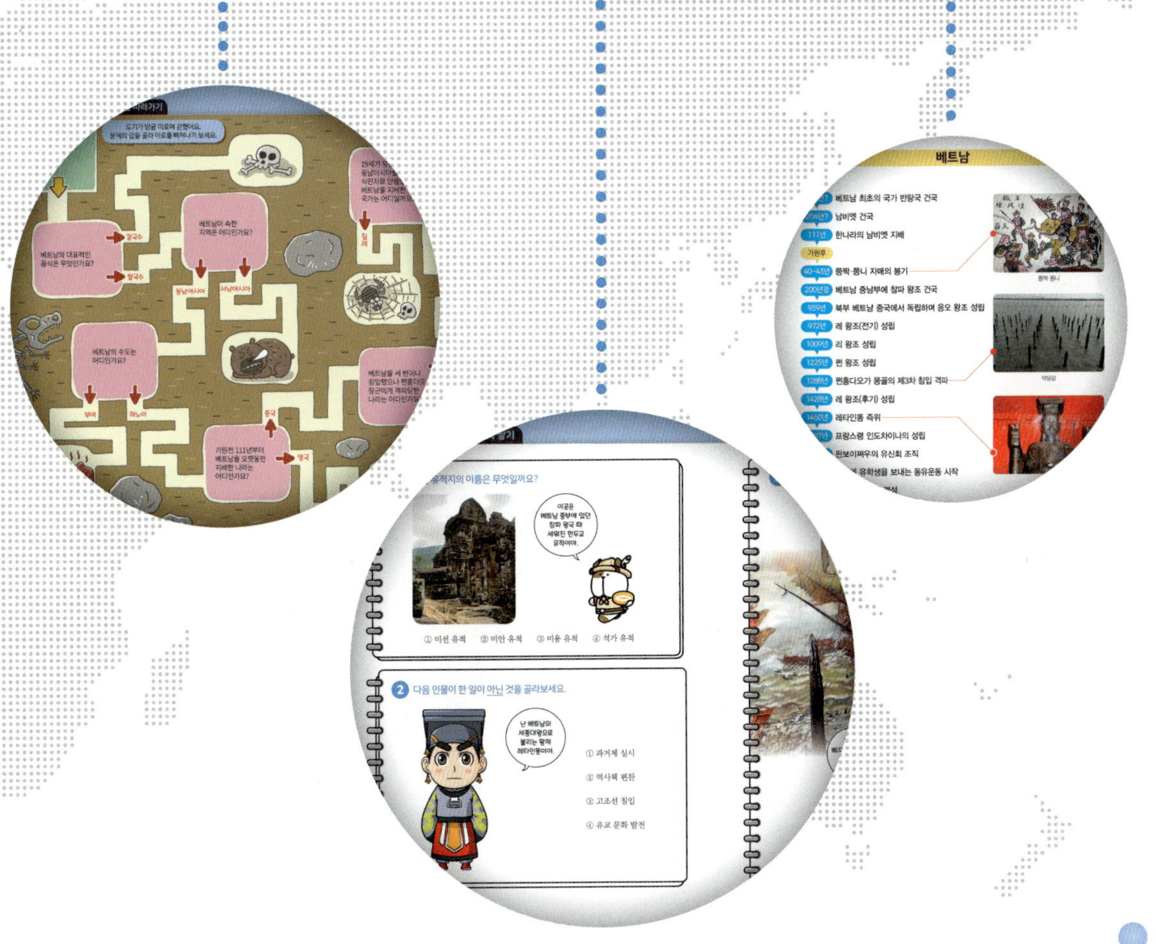

베트남

수도

하노이는 7세기부터 베트남의 중심 도시로 성장했어요.
많은 왕들이 이곳을 수도로 삼았으며,
프랑스가 점령했을 때도 하노이를 행정의 중심지로 삼았지요.

언어

공용어는 베트남어이며, 네 종류의 소수 민족 언어가 법으로 허용되고 있어요.
베트남어는 여섯 개의 성조가 있으며, 로마자에 성조를 표시하는
'쯔꾸옥응으'를 문자로 사용해요.

민족

비엣족이 86%로 전 국민의 대부분을 차지하며,
53개의 소수 민족이 각 지역에 흩어져 살고 있어요.

지리

인도와 중국 사이에 있는 인도차이나반도의 동쪽에 위치하며, 남북으로 길게 뻗어 있어요.
중국과 라오스, 캄보디아와 국경이 접해 있어 역사적으로 주변의 영향을 많이 받았어요.

기후

국토가 남북으로 긴 모양이라 지역에 따라 차이가 커요.
북부는 아열대성 기후로 사계절이 비교적 뚜렷하고,
남부는 열대성 기후로 연평균 기온이 25~27℃이며 비가 많이 내려요.

화폐

베트남 동(VND)을 사용해요.

종교

불교, 가톨릭교 외에 까오다이교와 호아하오교 등 다양한 종교를 믿어요.

산업

북부의 홍강 지역과 남부의 메콩강 지역에서는 벼농사가 활발하게 이루어져,
베트남은 전 세계에서 세 번째로 많은 양의 쌀을 수출해요.
중부 지역은 해안선을 따라 휴양지가 개발되면서, 관광 산업이 크게 발달했어요.

국기

빨간색은 혁명의 피와 조국의 정신을,
금색 별의 다섯 모서리는 노동자, 농민,
지식인, 청년(또는 상인), 군인의 단결을
뜻해요.

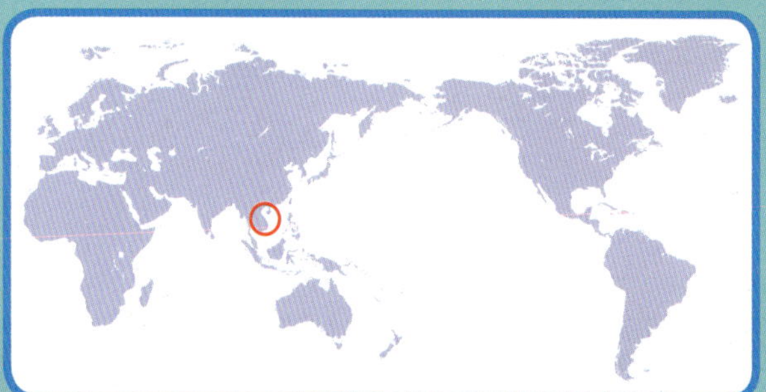

사파
하노이
후에
다낭
호이안
호찌민

등장인물

해리

이상한 나라의 정원사.
격투기에 뛰어나며,
힘이 아주 세요.

그루

이상한 나라의 요리사.
남을 잘 보살피지만
음식 앞에서는 약해져요.

도기

무관심해 보여도
새로운 것을 배울 때면
집중력이 높아져요.

하트 공주

이상한 나라
하트 여왕의 외동딸.
자기만의 왕국을
세우려고 해요.

가로

하트 공주의 부하.
충성심으로 가득하지만
엉뚱한 행동으로 일을
그르치기도 해요.

세로

하트 공주의 부하.
공주의 말이라면 무조건
따르며, 눈치가 빨라
행동도 빨라요.

쯩짝·쯩니 자매

저항군을 이끈 자매.
중국 한나라의 지배로부터
벗어나기 위해
노력했어요.

쩐흥다오

쩐 왕조 시대 장군.
몽골 제국의 공격을
세 차례나
물리쳤어요.

레타인똥

레 왕조(후기)의 황제.
유교 문화를 발전시키고
여러 제도를 정비해
나라를 안정시켰어요.

판보이쩌우

독립운동가.
프랑스에 맞서
독립운동을 펼쳤어요.

호찌민

북베트남의 첫 번째 주석.
프랑스와 일본을 몰아내고
베트남의 독립을 이뤄냈어요.

차례

이상한 나라 안내서
여기는 이상한 나라.
세상의 지식과 상상이 모여 만들어진 마법의 나라예요.
하트성
레스토랑
도서관
정원
음악관
인간, 동물, 요정, 마법사, 책 속의 인물 등 다양한 이들이 살고 있지요.

이상한 나라에서 가장 중요한 곳은 도서관이에요. 인간 세계와의 균형을 보여 주는
절대시계가 있거든요. 인간 세계가 흔들리면 여기도 무사하지 못해요.

도서관에 인간 세계로
넘어가는 시간의 문이
있다는 건 안 비밀!

껄
껄

이상한 나라는 항상 평화로워요.
가끔 하트성에 사는 공주가 말썽을 일으킬 때 빼고는요.

엄마, 미워!

너 사춘기니?

오늘은 어떤 하루가
시작될까요?

덜
덜
덜

베트남으로 간 하트 공주

*수도 한 나라의 중앙 정부가 있는 도시.

어, 모모네?
지잉~
지잉~
응

큰일 났어. 도서관으로 당장 와 줘!
깜
짝

모모야, 무슨 일이야?
어서 와.
탁
탁

하트 공주가 베트남 위인전 다섯 권을 훔쳐 달아났어.
베트남 위인전을?
베트남에도 내 신하로 쓸 만한 인재가 많더군!
이번엔 반드시 모두 데려올 거야, 오호호홋!
꽈당
파
팟

믿을 건 너희뿐이야!
빼앗긴 책을 찾아 줄래?
쓰윽
그럼! 베트남에 대해선 방금 먹은 쌀국수밖에 모르지만, 공주를 찾는 건 자신 있어!
나도야! 공주를 막아 볼게!
척
앗, 절대시계가 거꾸로 돌기 시작했나 봐.
쿠
쿠
쿠
쿠
쿠
벌써 역사가 틀어지기 시작했군.
탁
탁
탁
모모야, 베트남 위인전이 없어졌다고?
응, 하트 공주가 가져갔어!
이상한 나라와 인간 세계의 균형이 무너지고 있어!

나도 도울게.
얼마 전에 그 책들을
다 읽었거든.
척
공주가 가져간
첫 번째 책은
<쯩짝·쯩니>야.
알았어.
우리가 반드시
찾아올게.
끄덕 끄덕
역시
너밖에 없어!
빼앗긴 책을 되찾아서
세상이 무너지는 걸 막자!
우
우
우
우
웅
가자
베트남으로!

쯩 자매의 용기

*<u>으스스하다</u> 차거나 싫은 것이 몸에 닿았을 때 크게 소름 돋는 느낌이 있다.
*<u>기원후</u> 예수가 태어난 해를 시작의 기준으로 그 이후 시기.

*영웅 지혜와 재능이 뛰어나 보통 사람이 하기 어려운 일을 해내는 사람.
*맹수 주로 다른 동물의 고기를 먹는 사나운 짐승.

***위험** 해로움이나 손실이 생길 우려가 있음. 또는 그런 상태.

마을은
*안전할 거야.
가자!
후다다닥
같이 가!

탁
탁
탁
어?!

펑
아야!
으악!

죄…죄송해요.
호랑이를 보고 *놀라
달려오다 그만….
호랑이?
깜
짝
슉
슉

*안전 위험이 생기거나 사고가 날 염려가 없음. 또는 그런 상태.
*놀라다 뜻밖의 일이나 무서움에 가슴이 두근거리다.

***주인공** 어떤 일에서 중심이 되거나 주도적인 역할을 하는 사람.
***제대로** 제 격식이나 규격대로.

어서 가!
척
척
척
으으….
에잇!
털썩
언니!
쯔…쯩니야….
부들
부들
들거라!
*반란을 꾸민 티사익은 조금 전 처형되었다!
아아…!
웅성
웅성

*마땅하다 그렇게 하거나 되는 것이 이치로 보아 옳다.
*태수 고대 중국에서, 마을 단위에서의 으뜸 벼슬.

*특산물 어떤 지역에서 나오는 특별한 물건.

28

***수시로** 아무 때나 늘.
***거역** 윗사람의 뜻이나 지시 따위를 따르지 않고 거스름.

*미개 사회가 발전되지 않고 문화 수준이 낮은 상태.
*풍습 옛날부터 그 사회에 전해 오는 풍속과 습관을 아울러 이르는 말.

30　　*전통 어떤 집단이나 공동체에서, 지난 시대에 이미 이루어져 전하여 내려오는 사상·관습·행동 등.
*독하다 사납고 모진 기운이 있다.

쯩짝·쯩니 자매 (14년~43년)

남비엣으로 불린 북부 베트남은 북쪽으로 맞닿아 있는 중국 한나라의 지배를 받게 되었어요. 이 상황에서 벗어나기 위해 나선 사람이 바로 쯩짝, 쯩니 자매예요. 쯩짝은 남편이 한나라에 맞서다 죽자, 저항군을 이끌기 시작했어요. 쯩니도 언니와 뜻을 함께했죠. 사람들은 뛰어난 *전략가이자 호랑이를 때려잡을 정도로 용감했던 자매를 믿고 따랐어요. 결국 남비엣은 한나라를 몰아내고 40년에 독립 왕국을 세웠어요. 쯩짝은 왕의 자리에 올랐지만 3년 뒤 다시 한나라에게 정복당했고, 두 자매는 스스로 죽음을 선택했다고 전해져요.

---

*전술 전쟁 또는 전투 상황에 대처하기 위한 기술과 방법.
*전략가 전쟁을 이끌어 가는 방법과 계획을 세우는 데 뛰어난 사람.

***상복** 친족이 죽었을 때 그를 생각하며 슬퍼하는 기간 동안 입는 옷.
***갑옷** 예전에, 싸움을 할 때 적의 창검이나 화살을 막기 위해 입던 옷.

***나약하다** 의지가 굳세지 못하다. 몸이 가냘프고 약하다.
***가문** 가족 또는 가까운 일가로 이루어진 공동체.

***송두리째** 있는 전부를 모조리.
***지휘** 목적을 효과적으로 이루기 위하여 단체의 행동을 거느리고 다스림.

*자격 일정한 일을 하는 데 필요한 조건이나 능력.
*주도 어떤 일에 중심이 되어 이끌다.

***시큰둥하다** 달갑지 아니하거나 못마땅하여 시들하다.
***동지** 목적이나 뜻이 서로 같음. 또는 그런 사람.

***안내** 어떤 내용을 소개하여 알려 줌.
***부탁** 어떤 일을 해 달라고 청하거나 맡김. 또는 그 일거리.

38

*상대하다 서로 겨루다.
*은신처 몸을 숨기는 곳.

*분명하다 어떤 사실이 틀림이 없이 확실하다.
*긴장 마음을 조이고 정신을 바짝 차림.

*날뛰다 날 듯이 껑충껑충 뛰다.
*처리 사건 따위를 절차에 따라 정리하여 치르거나 마무리를 지음.

***쓰러지다** 힘이 빠지거나 외부의 힘에 의하여 서 있던 상태에서 바닥에 눕는 상태가 되다.

*끌려가다 남이 시키는 대로 억지로 딸려 가다.
*똑똑히 또렷하고 분명하게.

*짓밟다 남의 인격이나 권리를 침해하다.
*일당백 한 사람이 백 사람을 당해낸다는 뜻으로, 매우 용감함을 이르는 말.

***임명** 일정한 지위나 임무를 남에게 맡김.

***활약** 기운차게 뛰어다님. 활발히 활동함.
***선포** 세상에 널리 알림.

***치가 떨리다** 몹시 분하거나 지긋지긋하여 화가 나다.
***치욕** 수치와 모욕을 아울러 이르는 말.

*묘하다 일이나 이야기의 내용이 기이하여 표현하기 어렵다.
*빌다 바라는 바를 이루게 하여 달라고 신이나 사람, 사물 따위에 부탁하다.

48

*불청객 오라고 청하지 않았는데도 스스로 찾아온 손님.
*수작 남의 말이나 행동, 계획을 낮잡아 이르는 말.

*밟다 발을 들었다 놓으면서 어떤 대상 위에 대고 누르다.

*제때 알맞은 때.
*위기 위험한 고비나 시기.

*영향 어떤 사물의 효과나 작용이 다른 것에 미치는 일.
*시련 겪기 어려운 단련이나 고비.

베트남의 탄생

베트남 국민들은 용의 후예라는 자부심을 갖고 있어요. 이는 베트남의 건국 이야기와 관련 있지요. 옛날에 바다 신 용의 후손 락롱꾸언이 하늘 신의 후손인 어우꺼와 결혼해 100명의 아들을 낳았어요. 행복하게 살던 어느 날, 바다가 무척 그리웠던 락롱꾸언은 어우꺼에게 '우리는 각자 물과 산을 좋아하니 오래 함께 살 수 없소'라고 말했죠. 그 후 둘은 각각 50명의 아들을 데리고, 바다와 산으로 갔어요. 어우꺼가 데리고 간 아들 중 큰아들인 훙브엉은 기원전 7세기경에 베트남의 첫 국가인 반랑국을 세웠어요.

퀴즈 베트남 사람은 자신을 어떤 동물의 후예라고 생각하나요?   ① 용   ② 곰

중국의 지배에 저항하다

베트남은 동아시아의 많은 나라들처럼 나라 북쪽에 있는 강국, 중국의 영향을 많이 받았어요.
기원전 111년 한나라가 남비엣을 무너뜨린 후, 베트남은 1천여 년 동안 중국의 지배를 받아야
했지요. 중국은 베트남 북부 지역을 지배하면서 베트남을 중국처럼 만들려고 했어요. 중국의
풍습을 따르도록 했고, 중국의 여러 제도를 베트남에 퍼트렸으며 유교, 한자 등을 전해 주기도
했지요. 베트남은 중국의 지배에서 벗어나기 위해 끈질기게 저항했답니다.

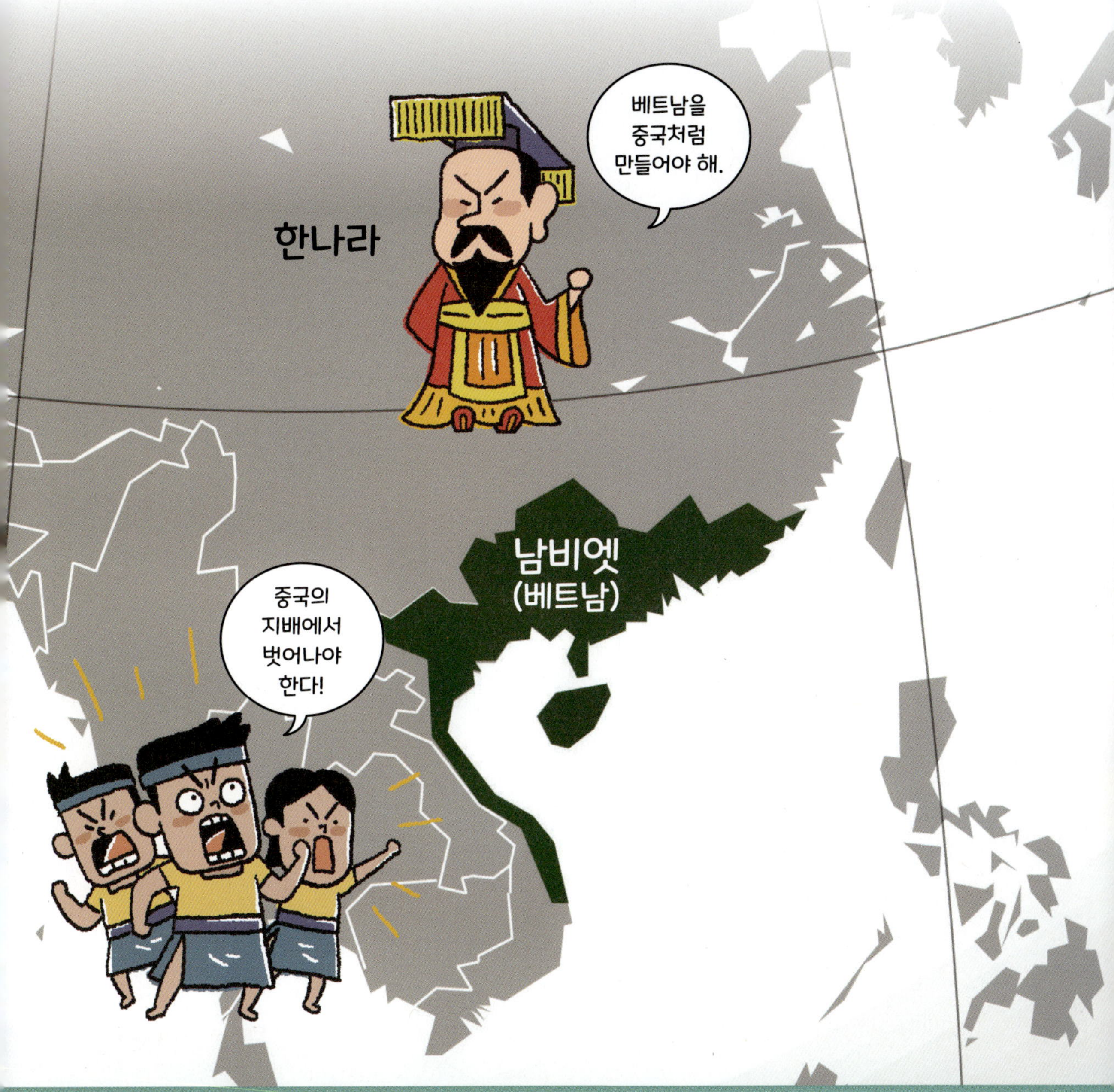

베트남의 힌두 왕국, 참파

베트남은 불교와 유교의 영향을 많이 받은 나라예요. 그런데 힌두 문화를 바탕으로 한 왕국이 있었어요. 참파 왕국은 192년경에 베트남 중남부 지역에 세워진 왕국으로, 인도에서 들어온 힌두교를 믿었어요. 그래서 나라 곳곳에 힌두교 사원을 세웠지요. 대표적인 힌두교 유적이 바로 미선 유적인데, 미선은 참파 왕국의 중심이었던 곳이랍니다. 참파 왕국은 북부 베트남과 겨루며 성장하다 13세기 즈음 점점 힘을 잃기 시작해, 훗날 베트남에게 정복당했어요.

1999년, 참파 왕국의 힌두교 사원인 미선 유적이 유네스코 세계 유산으로 등록되었어요.

 베트남에서 힌두 문화를 보여주는 유적은?　① 미선 유적　② 미선 임파서블

고조선, 한나라에게 멸망하다

남비엣을 멸망시키고 베트남을 지배하던 한나라는 기원전 109년 한반도에 세워진 첫 국가인 고조선을 공격했어요. 고조선은 한나라와 한반도 남부의 진국 사이를 이어주는 무역을 하며 성장하고 있었는데, 한나라는 이런 고조선이 맘에 들지 않았거든요. 처음에는 한나라에 맞서 잘 버텼지만, 전쟁이 계속되면서 지배층은 항복할지 계속 맞서 싸울지를 두고 의견이 나뉘며 힘든 상황이 이어졌어요. 결국 기원전 108년에 고조선은 한나라에게 멸망하고 말아요.

몽골을 물리친 장군

*시대 역사적으로 어떤 표준에 의하여 구분한 일정한 기간.
*휩쓸리다 물, 불, 바람 따위에 모조리 휘몰려 쓸리다.

***말뚝** 땅에 두드려 박는 기둥이나 몽둥이.
***총사령관** 일정하게 큰 단위의 군대를 모두 지휘하는 사령관.

*경계 적의 기습이나 예기치 못한 침입을 막기 위하여 주변을 살피면서 지킴.
*장군 군의 우두머리로 군을 지휘하고 통솔하는 무관.

***반란** 정부나 지도자 따위에 반대하여 나라 안에서 싸움을 일으킴.
***혼란** 뒤죽박죽이 되어 어지럽고 질서가 없음.

쩐흥다오 (1231년~1300년)

939년 베트남 북부 지역은 중국의 지배에서 벗어나 독립
왕조가 들어섰어요. 나라 이름도 크다는 의미를 담아
다이비엣(대월)이라고 정했고 리 왕조와 쩐 왕조를 거치며
성장해 나갔죠. 그런데 그즈음 유럽과 아시아에 걸쳐 대제국을
건설하고 원나라로 이름을 바꾼 몽골의 침입을 받았어요.
이때 몽골의 침입을 물리친 사람이 바로 쩐흥다오 장군이에요.
그는 몽골군을 세 차례나 물리쳐 베트남의 영웅으로 떠올랐지요.
베트남 남부 중심 도시인 호찌민시의 광장에는 그의 동상이
서 있고, 그의 이름을 딴 거리도 있답니다.

*지배 어떤 사람이나 집단, 조직, 사물 등을 자기의 의사대로 복종하게 하여 다스림.
*침략 정당한 이유 없이 남의 나라에 쳐들어감.

*물러나다 있던 자리에서 뒷걸음으로 피하여 몸을 옮기다.

***용맹하다** 용감하고 사납다.

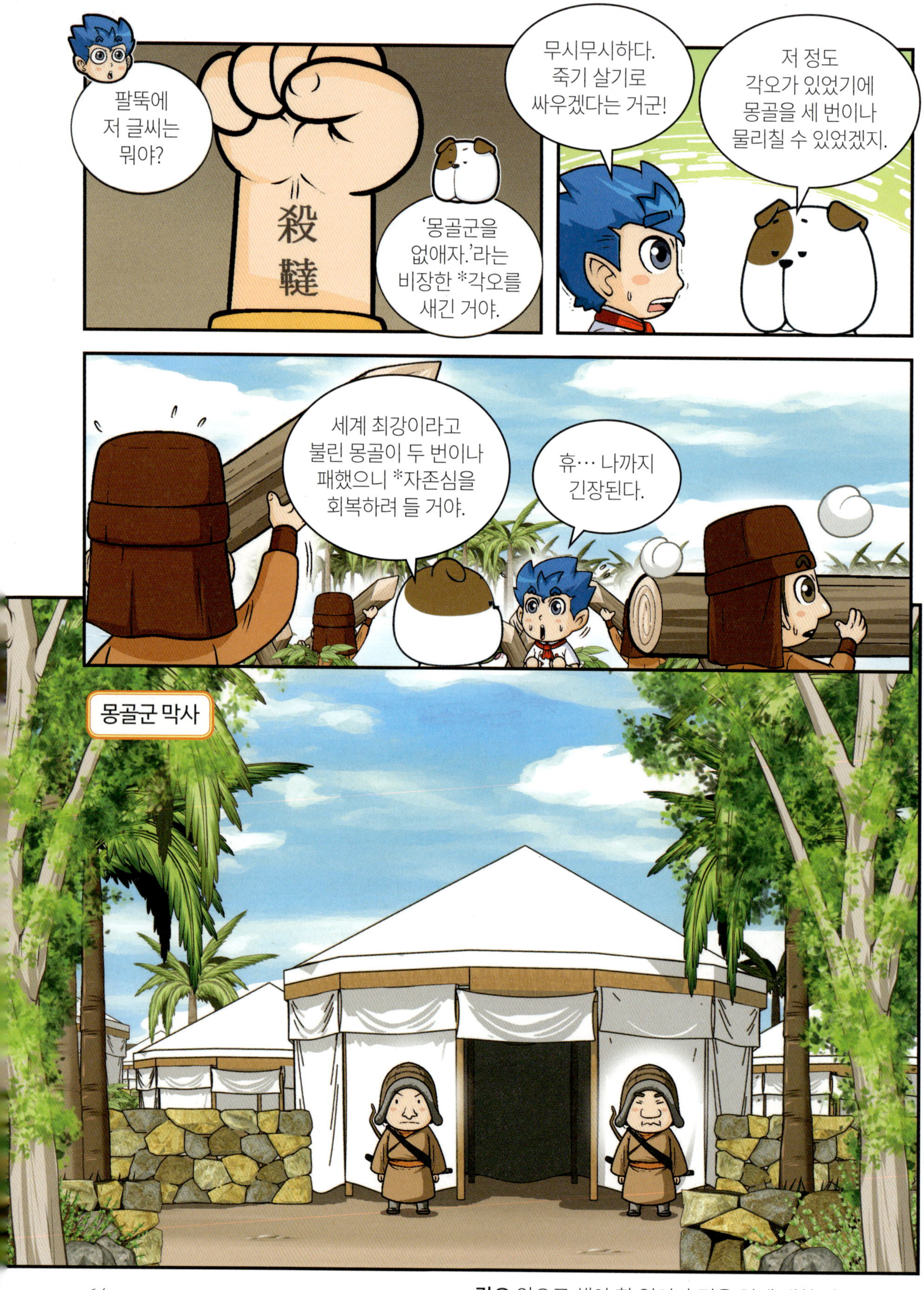

*각오 앞으로 해야 할 일이나 겪을 일에 대한 마음의 준비.
*자존심 남에게 굽히지 아니하고 자신의 품위를 스스로 지키는 마음.

***진영** 군대가 진을 치고 있는 곳..
***막사** 군인들이 주둔할 수 있도록 만든 건물 또는 임시 건물.

*변두리 어떤 지역의 가장자리가 되는 곳.

***지원군** 지지하여 돕기 위해 출동한 군대.

박당강
영차
영차
영차
영차
헥헥.
새벽부터 말뚝
박으러 나오다니.
힘들어 죽겠다.
꼭 오늘까지
끝내야 한다면서
모두 나오라잖아.
헉
헉

*밀물 달과 태양의 영향으로 바다 수면이 올라가는 현상.
*썰물 달과 태양의 영향으로 바다 수면이 내려가는 현상.

스윽
지금 잡으러 갈까요?
오호홋, 쩐흥다오가 혼자 있다!
몽골의 침략을 두 번이나 물리친 쩐흥다오라면 내 왕국의 *국방 장관으로 *손색이 없지.
근데 저 사람은 왜 필요한 거예요?
지당하신 말씀이십니다.
가자!
공주님!!
미끌
엄마야!
데굴
데굴
데굴
으아악!

70

*국방 장관 국방부의 가장 높은 직위에 있는 사람.
*손색 다른 것과 견주어 보아 못한 점.

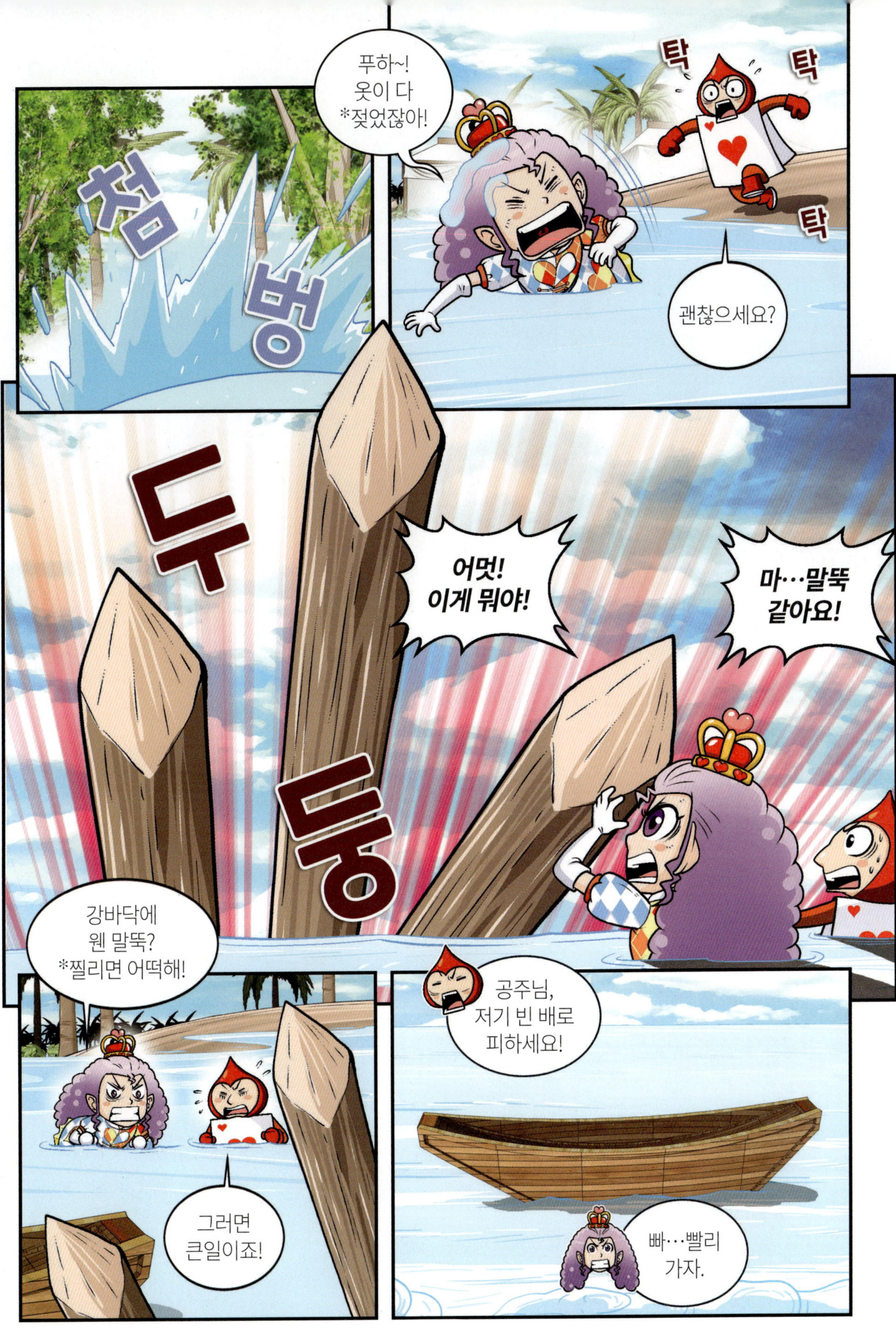

***젖다** 물이 배어 축축하게 되다.
***찔리다** 끝이 뾰족하거나 날카로운 것에 겉면이 뚫어지거나 쑥 들어가도록 세차게 들이밀리다.

*물가 바다, 강과 같이 물이 있는 곳의 가장자리.
*노 물을 헤쳐 배를 나아가게 하는 기구.

*정찰 작전에 필요한 자료를 얻으려고 적의 정세나 지형을 살피는 일.
*챙기다 필요한 물건을 찾아서 갖추어 놓거나 무엇을 빠뜨리지 않았는지 살피다.

*끼다 무리 가운데 섞이다.
*기다리다 어떤 사람이나 때가 오기를 바라다.

*작전 군사적 목적을 이루기 위하여 행하는 전투, 수색, 행군, 보급 따위의 조치나 방법.

*유인 주의나 흥미를 일으켜 꾀어냄.

*함정 빠져나올 수 없는 상황이나 남을 해치기 위한 계략을 비유적으로 이르는 말.
*삽시간 매우 짧은 시간.

*갇히다 벽으로 둘러싸이거나 울타리가 있는 장소에 넣어져 밖으로 나오지 못하게 되다.
*일제히 여럿이 한꺼번에.

*육지로 도망친
적군을 한 놈도
살려 두지 마라!
으아악!
피융
피융
피융
피융
피융
좌악
좌악
좌악
좌악
살려 줘!
예상대로야.
몽골의 배들은 말뚝에 갇혀
불타고, 남은 몽골군은
육지에서 베트남군의
칼을 맞는구나.
대단해.
작전이 제대로
먹혔어.

*대군 병사의 수가 많은 군대.
*적장 적의 우두머리.

*전멸 모조리 죽거나 망해 없어짐.
*포로 사로잡은 적.

***충격** 슬픈 일이나 뜻밖의 사건 따위로 마음에 받은 심한 자극이나 영향.
***속수무책** 손을 묶은 것처럼 어찌할 도리가 없어 꼼짝하지 못함.

*코빼기 '코'를 속되게 이른 말.
*포기 하려던 일을 도중에 그만두어 버림.

84

*그림자 물체가 빛을 가려서 그 물체의 뒷면에 드리워지는 검은 그늘.
*빨아들이다 수분, 양분, 기체 따위를 끌어들이거나 흡수하다.

***방심** 염려하던 마음을 놓음.
***뒤쫓다** 뒤를 따라 쫓다.

몽골에 맞서 싸운 베트남

베트남이 대제국인 몽골의 침입을 물리칠 수 있었던 이유는 무엇일까요? 그것은 오랫동안 중국의 지배를 받으면서 자유를 얻고자 하는 마음이 컸기 때문이에요. 당시 베트남군은 팔뚝에 '몽골군을 물리치자'는 글을 새기고 사기를 드높였다고 해요. 무엇보다 적은 군사로 거대한 몽골군을 물리치려면 전술을 잘 펼쳐야 했어요. 그래서 마을을 비워 적군이 식량을 구할 수 없게 했죠. 또 박당강 전투에서는 강바닥에 나무 말뚝을 박은 뒤 물의 높이가 달라지는 밀물과 썰물 현상을 활용해 몽골군을 크게 물리쳤어요.

박당강 전투 재현도
쩐흥다오 장군은 1288년 박당강 전투에서 밀물과 썰물 현상을 활용해 몽골군을 물리쳤어요. 베트남군은 물이 차 있는 밀물 때 도망치는 척하며 몽골군의 배를 해안가로 끌어들였고, 이후 몽골군의 배는 물이 빠지는 썰물 때 드러난 말뚝에 치이며 침몰했어요.

퀴즈 쩐흥다오 장군이 박당강 전투에서 물리친 나라는?　① 몽골(원나라)　② 일본

박당강의 밀물과 썰물을 활용해 적을 물리치는 방법은 쩐흥다오 장군이 처음 사용한 방법은 아니에요. 그보다 350년 전인 938년, 베트남의 응오꾸옌이 중국을 무찌를 때 사용했던 방법이기도 합니다. 응오꾸옌은 병사와 백성들을 시켜 숲에서 큰 나무를 베어 앞을 깎아 철로 씌운 뒤, 이를 물에 잠기도록 박아두었어요. 중국의 남한이 침략해오자, 응오꾸옌은 작은 배를 미끼로 남한군의 배를 끌어들였고, 물이 빠지기 시작하자 반격을 시작했어요. 이 전쟁에서 크게 승리한 응오꾸옌은 이후 베트남 응오 왕조의 첫 번째 왕이 되었답니다.

박당강의 말뚝
박당강 전투에 사용한 말뚝을 재현했어요. 강바닥에 박아둔 말뚝은 물이 차오르는 밀물 때는 보이지 않다가 물이 빠지는 썰물 때 모습을 드러냈기 때문에 적을 속일 수 있었어요.

퀴즈 쩐흥다오 장군이 박당강 전투에서 활용한 자연 현상은?
① 밀물과 썰물 ② 자전과 공전

가장 큰 제국, 몽골 제국

세계 역사에서 가장 넓은 제국을 건설한 나라는 바로 몽골 제국이에요. 1206년 테무친은 몽골 고원 여기저기 흩어져 살던 몽골 부족들을 하나로 통일하고 황제가 되었어요. 칭기즈 칸이라 불린 그는 아시아는 물론 러시아와 동유럽 지역을 차지하고 몽골 제국을 세웠어요. 1271년에 몽골은 원으로 나라 이름을 바꾸며 중국의 주인이 되었지요. 이후에도 몽골은 주변의 나라들을 끊임없이 침략했어요. 베트남도 몽골의 침략을 피해갈 수 없었지만, 세 번의 침략을 모두 물리쳤답니다.

몽골 제국의 주요 교통로
원은 넓은 제국을 잘 다스리기 위해 도로를 건설하고 곳곳에 역을 설치했어요. 동서 교통로를 통해 유럽과 아라비아 지역의 상인, 사신, 여행자들이 오고 갔죠. 당시 중국의 화약, 나침판, 인쇄술이 유럽과 아라비아에 전해지고, 중국에는 아라비아의 의학, 천문학, 역법 등이 전해졌지요.

퀴즈 세계 역사에서 가장 넓은 제국을 건설한 나라는?　① 베트남　② 몽골 제국

화산 이씨의 시조, 베트남의 왕자

베트남과 우리나라와의 교류를 엿볼 수 있는 이야기가 있어요. 바로 화산 이씨 조상에 대한 이야기지요. 베트남 리 왕조의 왕자였던 이용상(리롱떵)은 반란이 일어나자, 이를 피해 1226년경 탈출을 했어요. 이후 배를 타고 떠돌다 황해도 옹진군 화산포에 닿게 되었죠. 고려는 그를 따뜻하게 맞은 뒤 화산 이씨 성을 내려 주고 그곳에서 살 수 있게 해 주었어요. 이용상은 몽골군이 고려에 침입해 왔을 때 지역 주민들과 함께 몽골군을 물리치는 공을 세우기도 했다고 전해져요.

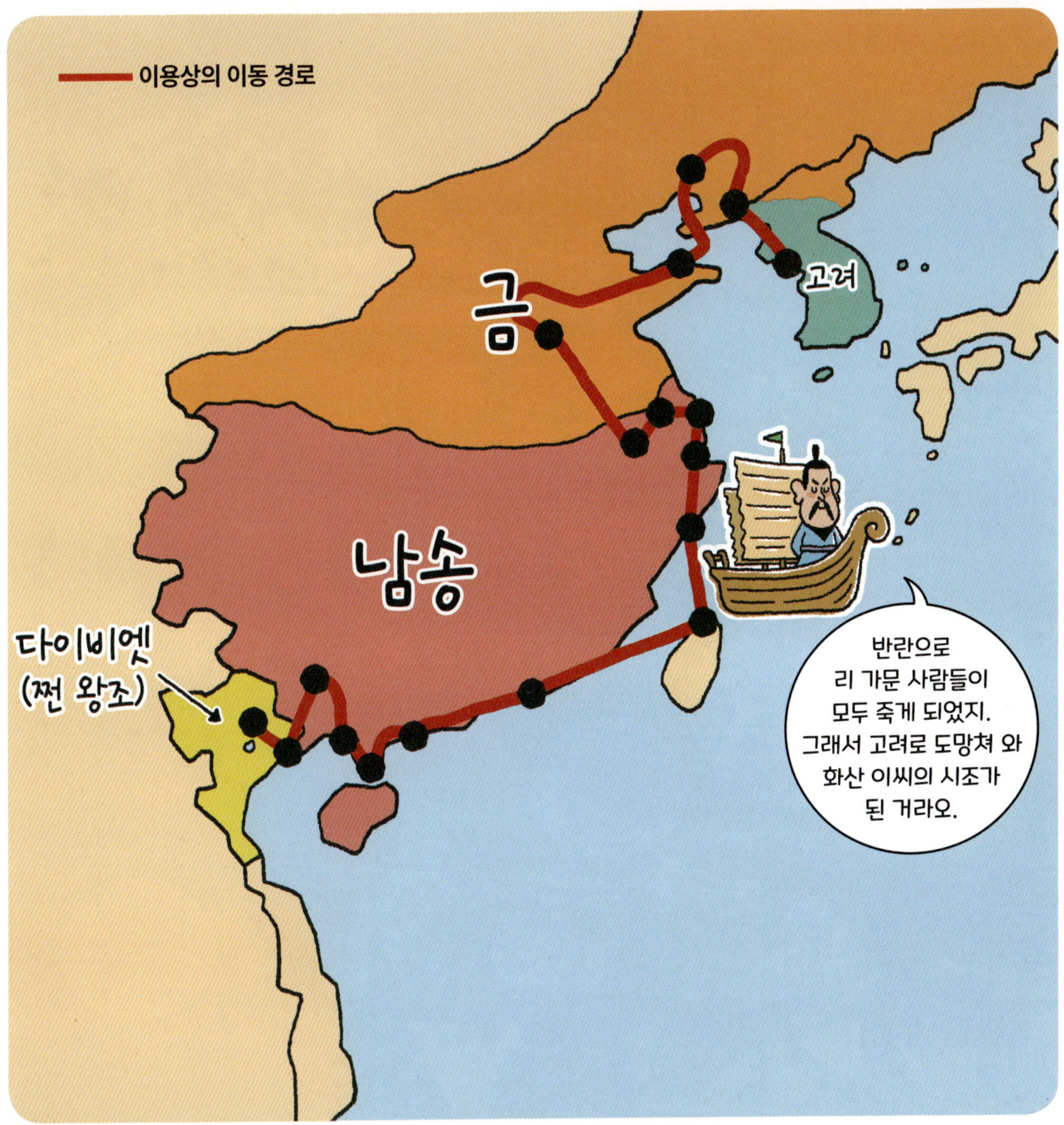

유교로 나라를 다스리다

*기습 남이 알아차리기 전에 갑자기 행하는 것.
*선명 산뜻하고 뚜렷하여 다른 것과 혼동되지 않음.

*탕롱 하노이의 옛 이름.
*사당 조상의 이름이 적힌 나무패를 모셔 놓은 집.

*물리치다 적을 쳐서 물러가게 하다.

*제례 제사를 지내는 의례.
*환관 임금의 시중을 들거나 숙직 따위의 일을 맡아보던 남자.

***인자하다** 마음이 어질고 자애롭다.
***군자** 행실이 점잖고 어질며 덕과 학식이 높은 사람.

*가르침 도리나 지식, 사상, 기술 따위를 알게 함.
*순전히 순수하고 완전하게.

*호족 재산이 많고 권력을 가진 지방의 세력.
*엉겁결에 자기도 모르는 사이에 갑자기.

레타인똥 (1442년~1497년)

15세기 때 베트남은 중국 명나라의 지배를 받으며 어려움을 겪었어요. 그러다 레러이 장군의 활약으로 독립을 이뤘고 1428년 다시 레 왕조(후기)가 시작되었어요. 네 번째 황제인 레타인똥이 유교 문화를 발전시키며 전성기를 맞이해요. 어진 임금으로 손꼽히는 그는 여러 제도를 정비하며 나라를 안정시켰어요. 과거제를 실시해 유학을 공부한 사람들을 관리로 뽑았고, 역사책을 펴내며 민족의 자부심을 드높였지요. 군대를 이끌고 주변 나라를 공격해 영토를 넓히기도 했어요.

*도덕규범 사람들이 행동하는 데 지켜야 할 도덕적 본보기.
*충성 임금과 국가에 대해 진정에서 우러나오는 정성.

***나타나다** 보이지 않던 어떤 대상의 모습이 드러나다.
***매의 눈** 매의 눈처럼 뚫어보는 것 같다는 뜻.

*습격 갑자기 상대편을 덮침.

*신유학 중국 송나라·명나라 때에 새로이 나타난 유학.
*지당하다 이치에 맞고 지극히 당연하다.

과거 제도가 들어온 지 오래되었지만, 여전히 자리잡지 못했습니다.
3년마다 과거를 치러 젊은 *관료를 뽑으십시오.
무슨 소리요! 그렇게 자주 관리를 뽑으면 오히려 실력이 부족한 사람만 늘어날 거 아니오!
버럭
으…!
탁
탁
인재는 국가의 힘이니 많을수록 좋은 것이오.
3년마다 빠짐없이 과거를 치르도록 하라.
폐…폐하.
성은이 망극하옵니다.

*관료 직업적인 관리.

***엄격히** 말, 태도, 규칙 따위가 매우 엄하고 철저하게.
***불효** 어버이를 효성스럽게 잘 섬기지 아니하여 자식 된 도리를 하지 못함.

*판단 사물을 인식하여 논리나 기준 등에 따라 판정을 내림.
*개혁 제도나 기구 따위를 새롭게 뜯어고침.

***간신히** 겨우 또는 가까스로.
***영향력** 어떤 사물의 효과나 작용이 다른 것에 미치는 힘.

***호시탐탐** 남의 것을 빼앗기 위하여 행세를 살피며 가만히 기회를 엿봄.
***순조롭다** 일 따위가 아무 탈이나 말썽 없이 예정대로 잘되어 가는 상태.

*고민 마음속으로 괴로워하고 애를 태움.
*두루 빠짐없이 골고루.

***적국** 전쟁 상대국이나 적대 관계에 있는 나라.
***제도** 관습이나 도덕, 법률 따위의 규범이나 사회 구조의 체계.

*통째로 나누지 않은 덩어리 전체 그대로.
*명백하다 의심할 바 없이 아주 뚜렷하다.

*지도력 어떤 목적이나 방향으로 남을 가르쳐 이끌 수 있는 능력.
*숙적 오래전부터의 원수.

이제 좀 피곤하구나.
하~암
위 이 이 이 잉
어?!
쑤
으아악!!
악
폐…폐하!

***엿듣다** 남의 말을 몰래 가만히 듣다.
***참고하다** 살펴서 생각하다.

*연속 끊이지 아니하고 죽 이어짐.
*수습하다 어수선한 사태를 거두어 바로잡다.

*심각하다 상태나 정도가 매우 깊고 중하다.
*혼란 뒤죽박죽이 되어 어지럽고 질서가 없음.

베트남에서도 발전한 유교 문화

베트남을 여행하다 보면 우리나라와 비슷한 느낌을 많이 받아요. 그 이유 중 하나는 우리나라처럼 베트남도 중국의 영향을 받아 유교 문화가 발달했기 때문이에요. 베트남은 동남아시아 여러 국가 중 드물게 유교 문화가 발달한 나라이기도 해요. 베트남에서 유교가 발전하기 시작한 것은 1,000여 년 즈음으로, 황실의 주도로 공자를 모시는 건물인 문묘가 세워지고 유학을 공부하는 사람들이 늘어났어요. 우리나라처럼 유학을 가르치는 대학인 국자감이 세워졌고 과거를 통해 관리를 뽑았지요.

퀴즈 베트남에서 한자를 기초로 만들었던 문자 이름은? ① 한글 ② 쯔놈

하노이 문묘와 국자감

베트남의 수도인 하노이에 가면 꼭 들르는 곳 중 하나가 바로 하노이 문묘예요. 베트남에서
유교 문화가 발달했음을 보여주는 증거지요. 문묘 안에 있는 국자감은 11세기에 베트남에
세워진 최초의 대학으로 조선 시대의 성균관과 비슷한 곳이에요. 이곳에서 학생들은 공자와
그의 제자들에게 제사를 지내고 공부를 했어요. 하노이 문묘 한쪽에는 거북이 받침대 위에
세워진 비석들이 줄지어 서 있는데, 과거에 합격한 사람들의 이름이 새겨져 있답니다.

← 하노이 문묘
공자에게 제사를
지내는 곳으로
유교 문화의 상징이에요.

➡ 진사제명비
진사제명비는 과거에 합격한 사람들의
이름이 적힌 비석이에요. 베트남에서는
거북이를 신성한 동물로 생각했기 때문에,
비석을 거북이 모양으로 만들었어요.

동남아시아의 무역항

베트남의 호이안과 말레이 반도에 있는 믈라카에는 동남아시아를 대표하는 무역항이 있었어요.
호이안에는 중국, 일본뿐만 아니라 유럽 여러 나라의 무역선들이 모여들었고, 믈라카에도 인도와
이슬람 지역 등에서 온 상인들이 넘쳐났어요. 중국과 인도를 연결하는 길목에 자리한 두 무역항은
상업과 문화의 중심지였지요. 곳곳에 식민지를 건설하고 중국으로 진출하려 했던 유럽에게는
몹시 탐나는 지역이었답니다.

호이안 옛 마을 ➡

⬇ 17세기의 믈라카

믈라카는 14세기 이슬람 왕국이 세워지며 무역 도시로
번창했어요. 1511년 포르투갈의 침략으로 아시아 최초의 유럽
식민지가 되었지요. 1641년부터는 네덜란드가, 1824년부터는
영국의 지배를 받으며 오랫동안 유럽의 식민지였어요.
이 그림은 네덜란드의 식민지일 때 믈라카의 모습이에요.

퀴즈 동남아시아 대표 무역항 중 하나로, 말레이 반도에 있는 도시는?　① 믈라카　② 인천

베트남까지 떠내려 간 제주도 사람들

먼 옛날, 베트남 쪽에서 우리 땅으로 오기만 한 건 아니에요. 조선 시대에 제주도 사람들이 베트남에 가기도 했어요. 1687년 어느 날, 고상영 등 20여 명이 나라에 바칠 말을 배에 싣고 가다 거센 풍랑을 만났어요. 그들은 한 달 가량 바다를 떠돌다 어느 해안가에 도착했어요. 그곳이 바로 베트남의 호이안이었죠. 그곳 사람들의 도움으로 겨우 다시 제주도로 돌아오게 된 고상영은 자신이 본 베트남의 모습을 조선 사람에게 전해 주었어요. 1년에 세 번이나 농사짓고, 원숭이가 뛰어노는 베트남의 이야기는 사람들에게 호기심을 불러일으켰답니다.

한겨울 날씨가 우리나라 한여름과 같다.

누에를 1년에 다섯 번이나 친다.

물소가 밭을 갈고, 원숭이가 여기저기에서 뛰놀고 있다.

바지는 안 입고 위아래 통으로 된 옷을 입는다.

프랑스에 맞서다

***시대** 역사적으로 어떤 표준에 의해 구분한 일정한 기간.
***조용하다** 아무런 소리도 들리지 않고 고요하다.

*식민지 정치적·경제적으로 다른 나라에 예속되어 국가로서의 주권을 상실한 나라.
*선교사 외국에 파견되어 기독교를 알리는 일에 힘쓰는 사람.

*영향권 어떤 것이 다른 것에 작용하여 반응이나 변화를 일으키는 범위.
*시암 태국의 예전 나라 이름.

***다치다** 부딪치거나 맞거나 하여 신체에 상처가 생기다.
***떨어뜨리다** 가지고 있던 물건을 빠트려 흘리다.

*밀주 허가 없이 몰래 술을 담금.

***농장** 농사지을 땅과 농기구, 가축, 노동력 따위를 갖추고 농업을 경영하는 곳.
***꼬투리** 남을 해코지하거나 헐뜯을 만한 거리.

*금지 법이나 규칙, 명령 따위로 어떤 행위를 하지 못하도록 함.
*잡다 붙들어 손에 넣다.

*도망가다 피하거나 쫓기어 달아나다.

*어이없다 일이 너무 뜻밖이어서 기가 막히는 듯하다.
*이익 물질적으로나 정신적으로 보탬이 되는 것.

*허가 행동이나 일하도록 허용함.
*독립 한 나라가 정치적으로 완전한 주권을 행사함.

128

*불의 의리, 도의, 정의 따위에 어긋남.
*인재 어떤 일을 할 수 있는 학식이나 능력을 갖춘 사람.

판보이쩌우 (1867년~1940년)

베트남의 독립운동 지도자인 판보이쩌우는 프랑스에 저항하는 단체인 베트남 유신회를 만들었어요. 당시에 여러 지역에 식민지를 세운 서양 나라들은 동남아시아 지역에까지 손을 뻗쳤어요. 베트남을 비롯한 인도차이나반도의 여러 나라가 프랑스의 손아귀에 들어가며, 1887년에 프랑스령 인도차이나 연방이 세워졌죠. 베트남 사람들은 프랑스로부터 독립하기 위해 총칼로 맞서고, 왕을 중심으로 똘똘 뭉쳐 프랑스에 저항했어요. 판보이쩌우는 일본으로 유학생을 보내 새로운 문물과 제도를 배워오게 하고, 학교를 세워 인재를 길러냈어요.

*유학 중국의 공자를 시조로 하는 전통적인 학문.
*국권 국가가 행사는 권력, 주권과 통치권.

*동지 목적이나 뜻이 서로 같은 사람.
*들키다 숨기려던 것을 남이 알게 되다.

***아편** 양귀비 열매에서 나온 물질로 진통제, 마취제 따위로 쓰이며 강한 중독을 일으킴.
***강자** 힘이나 세력이 강한 사람이나 집단.

131

*진출 어떤 방면으로 활동 범위나 세력을 넓혀 나아감.
*원조 물품이나 돈 따위로 도와줌.

***사상가** 어떤 사상을 잘 알고 이를 적극적으로 주장하는 사람.
***근대화** 정치·경제·사회·문화·가치관 등의 모든 면에서 변화가 진행되어 보다 향상되는 과정.

*조직하다 특정한 목적을 달성하기 위하여 여러 개체나 요소를 모아서 체계 있는 집단을 이루다.
*지지하다 어떤 사람이나 단체의 의견에 찬성하여 이를 위해 힘을 쓰다.

***제안** 안이나 의견으로 내놓음.

***군사력** 병력·군비·경제력 따위를 종합한 전쟁을 수행할 수 있는 능력.
***무장 투쟁** 정치·군사적 목적을 이루기 위해 무기를 갖춘 집단이 조직적으로 벌이는 군사 행동.

***의식하다** 어떤 것을 두드러지게 느끼다.
***망명** 정치적인 이유로 자기 나라에서 박해받는 사람이 이를 피하고자 외국으로 몸을 옮김.

***제2차 세계 대전** 1939년부터 1945년까지 독일·이탈리아·일본 등과
미국·영국·프랑스 연합국 사이에 일어난 세계적 규모의 전쟁.
***한참** 시간이 상당히 지나는 동안.

*불길하다 운수 따위가 좋지 아니하다 혹은 일이 예사롭지 아니하다.
*밀고 남몰래 넌지시 일러바침.

*체포 사람의 몸을 얽매거나 강제로 억눌러 행동의 자유를 빼앗는 일.

거기 서라,
판보이쩌우!
우
당
탕
탕
꼭 다시
돌아오겠소!
탁
탁
따라가자!
같이 가요,
아저씨!
헥헥.
이쪽으로
갔는데?
왜
안 보이지?
두리번~
두리번~
앗, 저기!!
번쩍

***첩보** 상대편의 정보나 형편을 몰래 알아내어 보고함.
***유인** 주의나 흥미를 일으켜 꾀어냄.

어맛!
펄럭~
내 카드가!
좋았어!
손대지 마, 내 거야!
쭈우우욱
그럼 발은 되나요?!
잡았다!
엄마야!
쿵
당 탕 탕

144

*돕다 남이 하는 일을 잘되도록 거들거나 힘을 보태다.
*봉인 단단히 붙이거나 싸서 막은 자리에 도장을 찍어 한 번 더 막음.

*당황하다 놀라거나 다급하여 어찌할 바를 모른다.

***샅샅이** 틈이 있는 곳마다 모조리 또는 빈틈없이 모조리.
***수색** 구석구석 뒤지어 찾음.

*외세 외국의 세력.
*의존 다른 것에 의지하여 존재함.

147

베트남에 남아 있는 프랑스의 흔적

베트남 음식 중 가장 인기 있는 건 반미 샌드위치예요. 바게트에 채소와 고기 등을 넣어 만든 베트남식 샌드위치죠. 프랑스의 빵인 바게트가 전해지면서 먹기 시작해, 현재는 베트남을 대표하는 음식이 되었어요. 베트남의 최대 도시인 호찌민을 여행하면 마치 파리에 와 있는 느낌을 받아요. 프랑스 지배 시절에 유럽의 건축물들을 곳곳에 세웠기 때문이에요. 파리에 있는 노트르담 성당과 똑같은 이름의 성당도 남아 있어요. 프랑스가 베트남을 프랑스처럼 만들려고 했던 증거들이죠.

일본을 물리치다

제2차 세계 대전 때 일본이 동남아시아 지역을 점령하게 되면서 베트남도 일본의 손아귀에 들어가게 되었어요. 베트남 사람들은 일본과 힘을 합쳐 프랑스를 몰아낼 수 있다는 희망을 갖기도 했지만 일본은 더욱 더 베트남을 짓밟아 놓았어요. 베트남독립동맹을 이끌던 호찌민은 이에 계속 저항했지요. 그러다 일본이 연합국에 항복하면서, 그들은 베트남 땅에서 철수했어요. 1945년, 마침내 독립 국가인 북베트남이 세워졌답니다.

유럽의 식민지가 된 동남아시아

동남아시아는 유럽 여러 국가들이 중국이나 일본으로 진출하기 위해 지나야 하는 길목에 있는 지역이에요. 또한 유럽인들이 좋아하는 향신료가 생산되는 지역이기도 하죠. 그래서 영국, 프랑스, 스페인 등 유럽 여러 국가들은 동남아시아를 손아귀에 넣기 위해 호시탐탐 노렸어요. 결국 19세기에 태국을 제외한 동남아시아 대부분의 국가들이 유럽의 식민지가 되고 말았답니다. 유럽 여러 국가들은 이곳에서 나오는 많은 지하자원과 농산물들을 빼앗아 갔지요. 또 전통적인 풍습과 문화를 파괴하고, 유럽의 문화를 하나둘 심어 놓았어요.

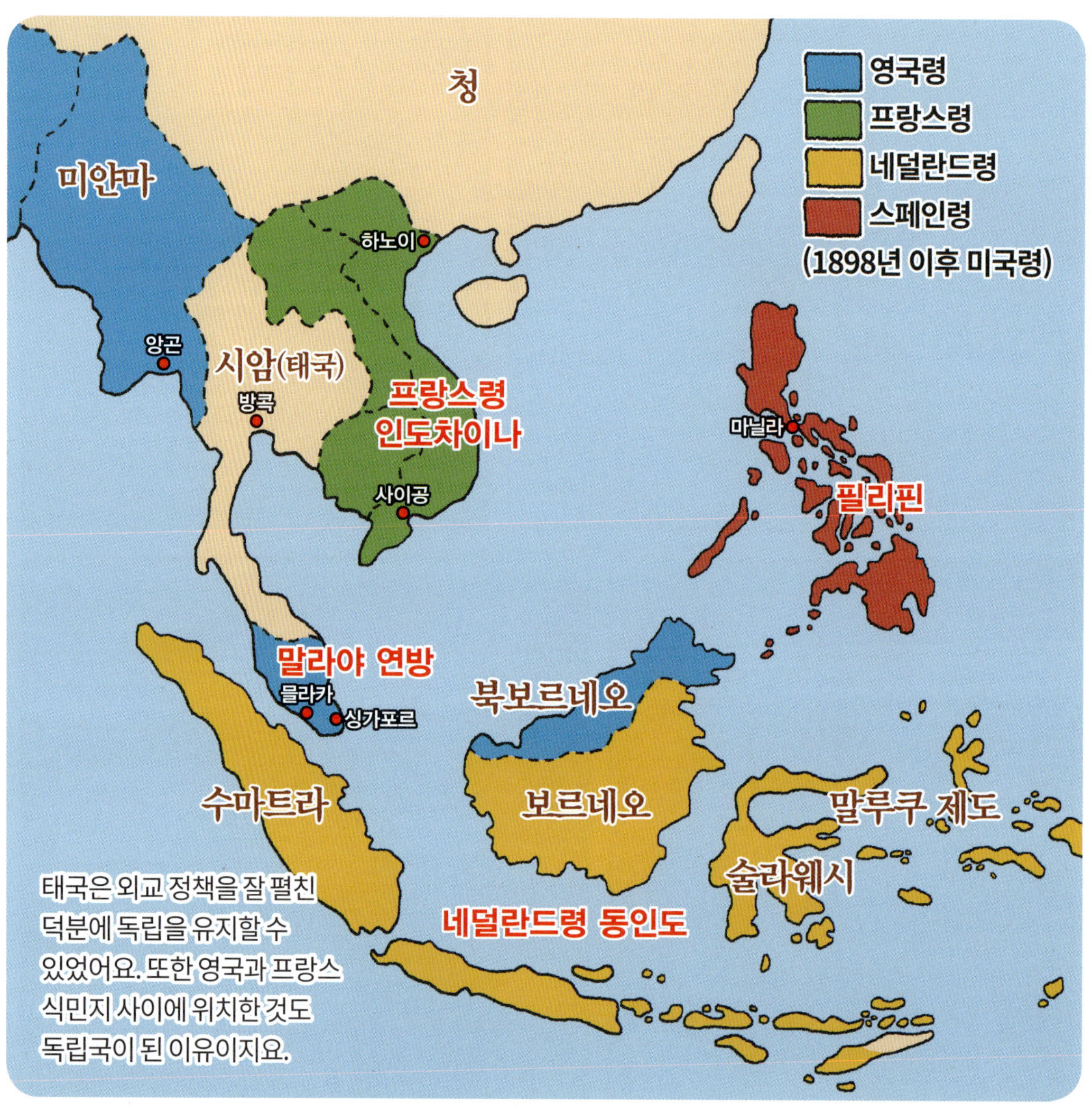

태국은 외교 정책을 잘 펼친 덕분에 독립을 유지할 수 있었어요. 또한 영국과 프랑스 식민지 사이에 위치한 것도 독립국이 된 이유이지요.

《월남망국사》를 번역하다

1905년 11월, 일본은 우리나라의 외교권을 빼앗기 위해 강제로 을사늑약을 맺었어요.
이에 우리나라는 다른 나라와 소통할 기회를 잃고 나라마저 일본의 손아귀에 넘어갈 위기에
처했어요. 그러자 학자들은 우리 글과 역사를 연구하고 외국 역사책도 번역하며 민족 의식을
일깨우려 했어요. 1906년 11월 학자 현채는 판보이쩌우의 <월남망국사>를 번역했지요.
그는 이 책을 통해 베트남(월남)이 망해가는 것이 남의 일이 아님을 알리고자 했어요.
일본은 이 책의 판매를 금지시켜 버렸죠.

<월남망국사>에는 베트남이 프랑스의 식민지가 된 과정과 베트남 민족운동가들의 활동, 베트남의 미래에
대한 이야기가 담겨 있어요.

퀴즈 1906년 현채가 번역한 판보이쩌우의 책은?   ① 월남쌈   ② 월남망국사

미국과의 베트남 전쟁

***웅덩이** 움푹 파여 물이 괴어 있는 곳.
***쫄딱** 더할 나위 없이 아주, 폭삭, 함빡이란 뜻.

***폭탄** 금속 용기에 폭약을 채워서 던지거나 쏘거나 떨어뜨려서 터트리는 폭발물.
***떨어지다** 위에서 아래로 내려지다.

***엉망** 일이나 사물이 헝클어져서 갈피를 잡을 수 없을 만큼 어수선한 상태.

*무차별 차별하거나 가리지 않고 마구잡이임.
*사회주의 자본주의의 사회적·경제적 모순을 극복한 사회 제도를 실현하려는 사상.

***강대국** 군대의 힘이 강하고 영토가 넓어 힘이 센 나라.
***정권** 정치상의 권력.

*위인 뛰어나고 훌륭한 사람.
*독립 다른 것에 의존하지 않는 상태로 됨.

*권력 남을 복종시키거나 지배할 수 있는 공인된 권리와 힘.
*대궐 임금이 사는 집.

***누추하다** 지저분하고 더럽다.
***검소** 사치하지 않고 꾸밈없이 수수함.

호찌민 (1890년~1969년)

프랑스 식민지 시대에 태어난 호찌민은 평생 베트남의 독립을 위해 싸웠어요. 그의 원래 이름은 응우옌신꿍으로, 독립운동을 하면서 다양한 가명을 사용했어요. 호찌민 또한 가명으로 '깨우치는 자'라는 뜻이에요. 1945년에 북베트남의 초대 주석이 된 호찌민은 나무집에 살고, 옷을 꿰매 입는 검소한 생활을 하며 나라와 국민을 살피는 걸 우선으로 했어요. 베트남의 민족운동 지도자로 국민들의 지지를 받던 그는 1969년 베트남 전쟁 중에 심장병으로 갑작스런 죽음을 맞았어요. 늘 국민과 함께 한 그는 지금도 '호 아저씨'로 불리며 사랑받고 있답니다.

*소박하다 꾸밈이나 거짓이 없고, 수수하다.
*존경 남의 인격, 사상, 행위 따위를 받들어 공경함.

162

***지루하다** 시간이 오래 걸리거나 같은 상태가 오래 계속되어 따분하고 싫증이 나다.
***금방** 말하고 있는 시점보다 바로 조금 전에.

*시위 많은 사람이 공공연하게 의사를 표시하여 집회나 행진하는 일.
*퇴학 학생이 더 이상 학교에 다닐 수 없게 하는 징계.

***평등** 권리, 의무, 자격 등이 차별 없이 고르고 한결같음.
***권리** 어떤 일을 행하거나 타인에 대하여 당연히 요구할 수 있는 힘.

***혈안** 기를 쓰고 달려들어 독이 오른 눈.
***항복** 적이나 상대편의 힘에 눌리어 굴복함.

***비로소** 어느 한 시점을 기준으로 그전까지 이루어지지 아니하였던 사건이 변화하기 시작함.
***주석** 일부 국가나 정당 따위의 최고 직위.

***회의** 여럿이 모여 의논함.
***방독면** 독가스, 세균, 방사성 물질 따위가 피해를 주지 못하도록 얼굴을 보호하는 기구.

*당황 놀라거나 다급하여 어찌할 바를 모름.
*멋대로 아무렇게나 하고 싶은 대로.

＊**일대** 일정한 범위의 어느 지역 전부.
＊**나날이** 매일매일 조금씩.

***인민** 국가나 사회를 구성하고 있는 사람들.
***주도권** 주동적인 위치에서 이끌어 나갈 수 있는 권리나 권력.

***전투기** 공중전을 주 임무로 하는 작고 민첩한 군용기.
***폭격** 비행기에서 폭탄을 떨어뜨려 적의 군대나 시설물을 파괴하는 일.

***실감** 실제로 체험하는 느낌.
***끄떡없다** 아무런 변동이나 탈이 없이 매우 온전하다.

어?
웬 연기가?
스스스스
으….
갑자기 졸려.
나도….
이봐!
정신
차리게!
스르륵
이상한 가스?
얘들아,
코와 입을 막아!
갑자기
잠이 오는
가스라니!
스윽
으악!
쑤
아
아
악
호찌민,
하트 왕국의
재상이 되거라!!

*납치 강제 수단을 써서 억지로 데리고 감.
*극적 극을 보는 것처럼 큰 긴장이나 감동을 불러일으키는 것.

*통로 통하여 다니는 길.
*금 갈라지지 않고 터지기만 한 흔적.

와르르르 쿵
파팟
천장이 무너진다!
으앗!
카드에서 호찌민이 풀려나고 있어!!
파 파 파 팟
쩐흥다오와 레타인똥도 풀려났어! 모두 자기 시대로 돌아가나 봐!
모…몽땅 풀려나다니!

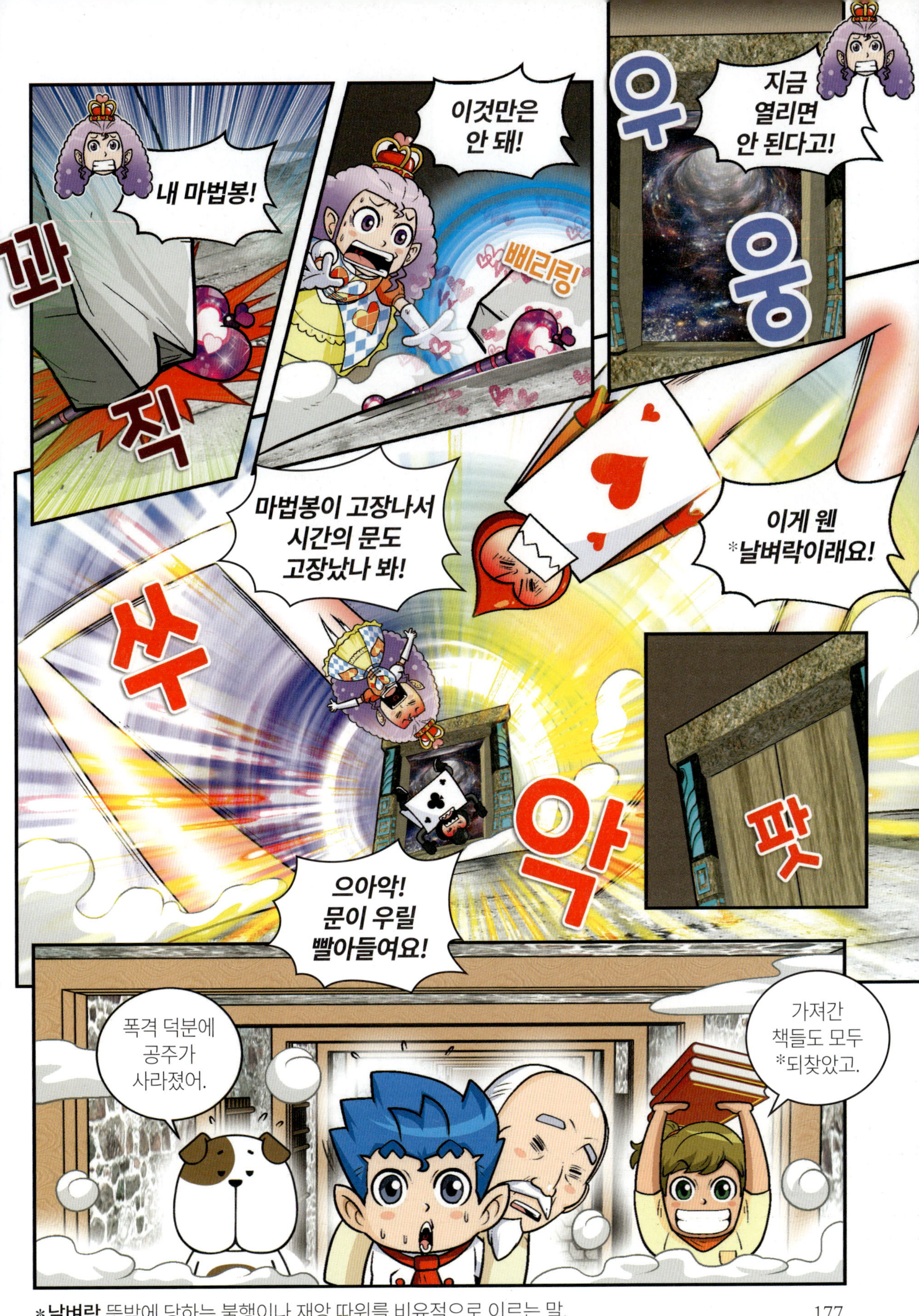

***날벼락** 뜻밖에 당하는 불행이나 재앙 따위를 비유적으로 이르는 말.
***되찾다** 다시 찾거나 도로 찾다.

178

*신비하다 보통의 이론이나 상식으로 도저히 이해할 수 없을 만큼 신기하고 묘하다.
*유언장 죽음에 이르러 말을 남긴 글.

*통일 나누어진 것들을 합쳐서 하나의 조직·체계 아래로 모이게 함.
*염원 마음에 간절히 생각하고 기원함.

***균형** 어느 한쪽으로 기울거나 치우치지 아니하고 고른 상태.
***복구되다** 손실 이전의 상태로 회복되다.

*조공 신하 나라가 주인으로 모시는 나라에 때를 맞추어 예물을 바치던 일.
*성장 사람이나 동식물 따위가 자라서 점점 커짐.

베트남 전쟁에서 승리하다

제2차 세계 대전이 끝나자 프랑스가 다시 베트남을 지배하려고 했어요. 1946년 베트남은 프랑스를 몰아내기 위해 전쟁을 일으켰고, 이 전쟁은 8년이나 계속되었어요. 신식 무기를 갖춘 프랑스 군대지만 게릴라 전술을 펼치는 베트남군을 당해내기 어려웠어요. 한마음으로 똘똘 뭉친 베트남군은 디엔비엔푸 전투에서 승리하면서 프랑스를 몰아냈어요. 하지만 기쁨도 잠시 1954년 베트남이 남과 북으로 나뉘었어요. 북베트남에는 호찌민이 이끄는 정부가, 남베트남에는 미국을 등에 업은 정부가 들어섰지요.

호찌민은 썩어가는 남베트남 정부를 두고 볼 수 없었기에, 남베트남을 점령하려고 했어요.
하지만 미국은 베트남이 공산주의 국가가 되는 것을 원치 않았지요. 그래서 1964년 북베트남에
폭격을 퍼부으며 전쟁을 시작했어요. 오랜 기간 이어진 베트남 전쟁은 미국이 승리할 거라는
예상을 깨고 1973년 베트남의 승리로 끝났어요. 1975년에는 북베트남이 남베트남의
사이공(호찌민시의 전 이름)을 점령해 베트남을 통일했고, 1976년 베트남 사회주의 공화국이
세워지면서 진정한 통일을 이뤘어요. 이후 베트남은 전쟁의 아픔을 이겨내고 발전을 꿈꾸며
여러 가지 개혁 정책을 펼쳤어요. 또한 미국 등 세계 여러 나라와 교류하며 빠르게 성장했어요.

구찌 터널의 모습

베트남 전쟁 당시, 베트남 공산군은 지하에 있는 구찌 터널을 이용해 적은 인원으로 미군을 공격하는 게릴라전을
펼쳤어요. 구찌 터널은 전체 길이가 약 250㎞에 달할 정도로 아주 길고, 한 사람이 겨우 지나갈 정도로 좁았어요.
터널 입구는 매우 작고 식물로 숨겨져 있어 찾기가 매우 어려웠다고 해요.

구찌 터널 내부

구찌 터널 입구

전 세계에서 일어난 전쟁 반대 운동

베트남 전쟁 때 미국은 엄청난 양의 폭탄을 베트남에 퍼부었어요. 또한 고엽제도 마구 뿌려댔지요. 밀림 깊숙한 곳에 땅굴을 파고 숨어 있다 나타나 공격하는 베트남 군대를 당해내기 어려웠거든요. 한국군도 베트남의 공산화를 막는다는 명분으로 전쟁에 참여했어요. 전쟁으로 베트남 군인뿐만 아니라 힘없는 어린이, 노인들도 희생당했어요. 이 소식이 전해지자 전 세계에서 베트남 전쟁을 반대하는 운동이 벌어졌어요. 시위에 참여하는 사람들의 숫자는 점점 늘어났어요. 이런 상황에서 미국은 전쟁을 지속하기 어려웠죠.

← 미군의 고엽제 살포

베트남 전쟁 중, 미군은 헬리콥터로 남베트남 메콩 강 삼각주 지역에 고엽제를 넓게 뿌렸어요. 고엽제는 나무와 풀을 말라 죽게 하는 약으로, 미국은 베트남의 밀림을 없애기 위해 사용했어요. 하지만 고엽제는 사람의 몸에 나쁜 영향을 미쳤고, 전쟁 이후 베트남 사람들과 해외의 참전군들은 질병과 장애에 시달렸어요.

↓ 전쟁 반대 시위

미국의 베트남 공격에 전 세계는 물론, 직접 전쟁에 참전하게 된 미국의 젊은이들이 반전 시위에 앞장섰습니다.

제주도에 세워진 '베트남 피에타상'

제주 서귀포시 강정마을 성프란치스코평화센터에는 '베트남 피에타상'이 세워져 있어요.
한 여인이 어린아이를 품에 끌어안고 자장가를 부르는 모습이지요. 베트남 전쟁 때 한국에서는
30여만 명의 한국 군인들이 미군을 도와 전쟁에 참여했어요. 전쟁터로 내몰린 한국 청년들은 큰
희생을 치러야 했고요. 전쟁 당시 많은 민간인들이 목숨을 잃었기에, 베트남 전쟁이 끝난 지 42년
되는 해에 베트남 사람들의 안타까운 죽음을 기리며 제주도에 이 동상을 세웠답니다.

출발!
도기가 땅굴 미로에 갇혔어요.
문제의 답을 골라 미로를 빠져나가 보세요.
베트남의 대표적인 음식은 무엇인가요?
칼국수
쌀국수
베트남이 속한 지역은 어디인가요?
동남아시아
서남아시아
베트남의 수도는 어디인가요?
부여
하노이
기원전 111년부터 베트남을 오랫동안 지배한 나라는 어디인가요?
중국
영

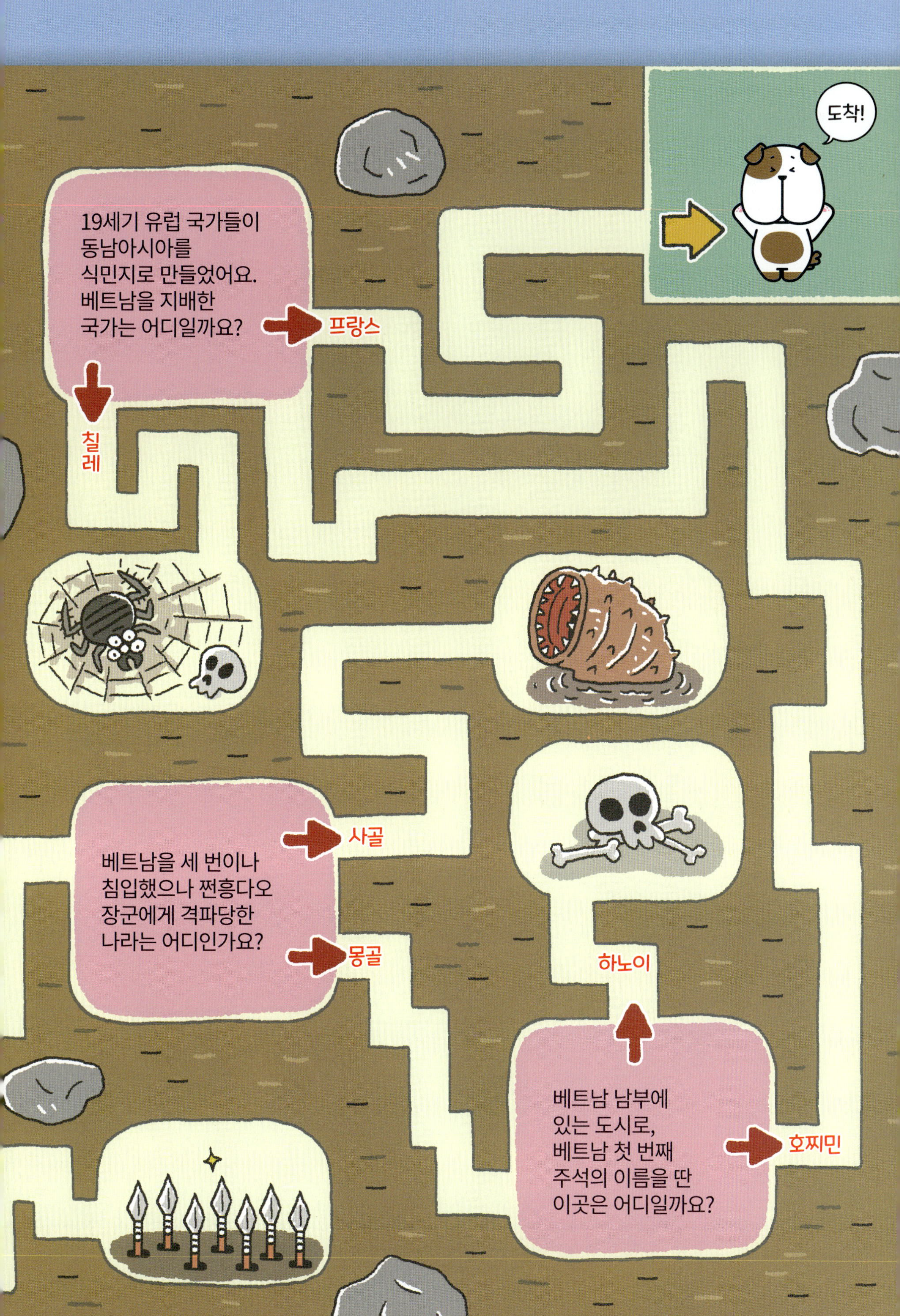

도착!
19세기 유럽 국가들이 동남아시아를 식민지로 만들었어요. 베트남을 지배한 국가는 어디일까요?
프랑스
칠레
베트남을 세 번이나 침입했으나 쩐흥다오 장군에게 격파당한 나라는 어디인가요?
사골
몽골
하노이
베트남 남부에 있는 도시로, 베트남 첫 번째 주석의 이름을 딴 이곳은 어디일까요?
호찌민

베트남에 관한 설명으로 맞으면 ○, 틀리면 ✕표하여
맛있는 쌀국수를 완성해 보세요.

쯩 자매는
한나라에 맞서 싸웠다.

베트남은
중국 북쪽에 있는
나라이다.

베트남은
몽골에 의해 멸망하였다.

· 베트남은 ·
유교를 받아들이지
않았다.

북부 베트남은
오랫동안 중국의
지배를 받았다.

호찌민은 베트남의
첫 번째 주석으로
국민들의 존경을
한 몸에 받았다.

다음 설명에 해당하는 베트남 역사 인물을 연결하세요.

베트남 독립을 위해 노력한 인물로 베트남 첫 번째 주석이에요.

일본으로 유학생을 보내 새로운 문물과 제도를 배워오게 해 인재를 길러냈어요.

레 왕조의 황제로 유교를 바탕으로 여러 제도를 마련하고 나라를 안정시켰어요.

중국 한나라에 맞서 저항군을 이끌고 독립을 이뤄냈어요.

박당강에서 몽골의 세 번째 침략을 물리치고 베트남의 독립을 지켜냈어요.

쫑짝·쫑니 자매　　쩐흥다오　　호찌민　　레타인똥　　판보이쩌우

1 다음 유적지의 이름은 무엇일까요?

① 미선 유적　　② 미안 유적　　③ 미용 유적　　④ 석가 유적

2 다음 인물이 한 일이 <u>아닌</u> 것을 골라보세요.

① 과거제 실시

② 역사책 편찬

③ 고조선 침입

④ 유교 문화 발전

 다음 그림과 관련된 인물은 누구일까요?

① 이순신　　② 칭기즈칸　　③ 나폴레옹　　④ 쩐흥다오

4 다음의 문장에서 사실과 다른 것은 무엇일까요?

> 나는 제주도 사람 고상영이요. 조선 시대에 우연히 베트남에 다녀왔소.
> 그곳에서 보고 들은 것을 알려주겠소.

① 한겨울 날씨가 우리나라 한여름과 같다.
② 누에를 1년에 다섯 번이나 친다.
③ 날이 너무 더워 농사를 전혀 짓지 않는다.
④ 옷은 위에서 아래까지 통으로 된 옷을 입는다.

 다음 설명에 해당하는 유적은 어디일까요?

11세기에 베트남에 세워진 최초의 대학으로 조선 시대의 성균관과 비슷한 곳이다. 이곳에서 학생들은 공자와 그의 제자들에게 제사를 지내고 공부를 했다.

① 서당　　　② 학당　　　③ 호찌민 광장　　　④ 하노이 문묘

6 다음 　　　　　 안에 들어갈 단어는 무엇일까요?

　　　　　는 유럽 여러 국가들이 중국이나 일본으로 진출하기 위해 지나야 하는 지역이다. 그래서 영국, 프랑스, 스페인 등 유럽 여러 국가들은 　　　　　를 손아귀에 넣기 위해 호시탐탐 노렸다. 결국 19세기에 태국을 제외한 　　　　　 대부분의 국가들이 유럽의 식민지가 되고 말았다.

① 한반도　　　② 아메리카　　　③ 아프리카　　　④ 동남아시아

7 밑줄 그은 '이 나라'는 어디일까요?

① 미국　　　② 영국　　　③ 태국　　　④ 일본

8 다음 인물에 대한 설명으로 알맞지 <u>않은</u> 것은 무엇일까요?

① 쯔놈을 만들었다.
② 베트남의 독립을 위해 앞장선 인물이다.
③ 북베트남의 첫 번째 주석이 되었다.
④ 어느 나라 지도자보다 검소한 생활을 했다고 한다.

9 다음 그림, 사진과 관련된 전쟁은 무엇일까요?

구찌 터널

＿＿＿＿＿ 당시, 베트남 공산군은 지하의 구찌 터널을 이용해 적은 인원으로 미군을 공격하는 게릴라전을 펼쳤다. 구찌 터널은 전체 길이가 약 250km에 달할 정도로 아주 길고, 한 사람이 겨우 지나갈 정도로 좁았다.

① 남북 전쟁　② 6·25 전쟁　③ 베트남 전쟁　④ 제2차 세계 대전

도전 세계사 놀이 퀴즈·정답 따라가기

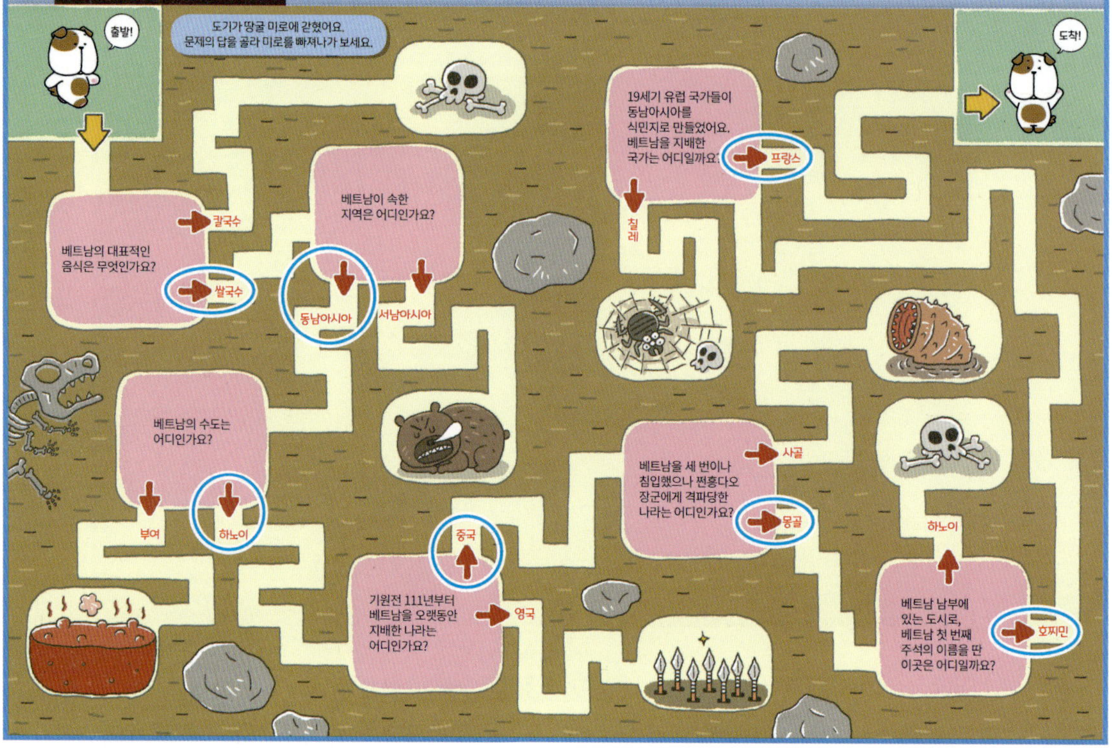

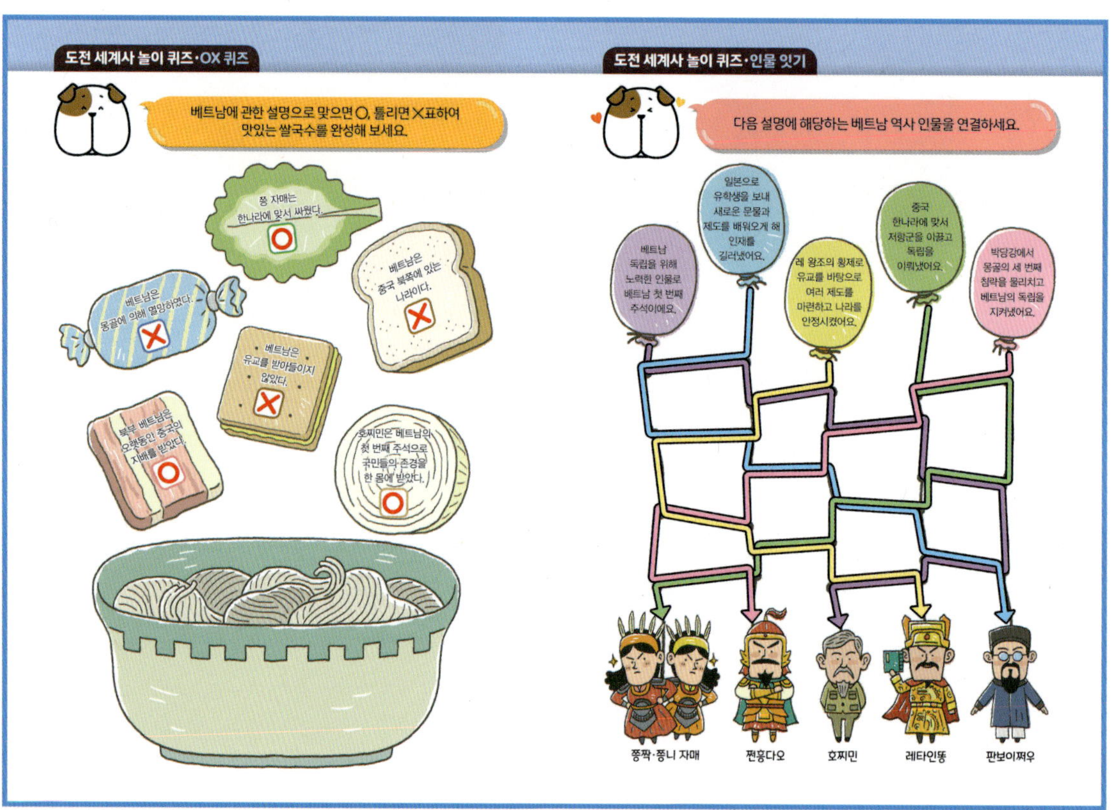

도전 세계사 놀이 퀴즈·OX 퀴즈

도전 세계사 놀이 퀴즈·인물 잇기

1 답 ①

베트남 중남부에 있던 참파 왕국 때 세워진 힌두교 유적은 미선 유적이다.

2 답 ③

고조선을 침입한 나라는 중국의 한나라이다.

3 답 ④

박당강에서 몽골군의 세 번째 침략을 물리친 베트남의 장군은 쩐흥다오이다.

4 답 ③

베트남 북부의 홍강 지역과 남부의 메콩강 지역에서는 벼농사가 활발하게 이루어 진다.

5 답 ④

베트남에 세워진 최초의 대학으로 조선 시대의 성균관과 비슷한 곳은 하노이 문묘이다.

6 답 ④

19세기 유럽은 동남아시아 지역을 차례로 식민지로 삼았다.

7 답 ④

판보이쩌우는 일본으로 유학생을 보내 새로운 문물과 제도를 배워오게 했다.

8 답 ①

쯔놈을 만든 사람은 레 왕조의 황제 레타인똥이다.

9 답 ③

베트남 공산군이 구찌 터널을 이용해 미군을 상대로 게릴라전을 펼친 전쟁은 베트남 전쟁이다.

베트남

기원전

690년? 베트남 최초의 국가 반랑국 건국

204년? 남비엣 건국

111년 한나라의 남비엣 지배

기원후

40~43년 쯩짝·쯩니 자매의 봉기

쯩짝·쯩니

200년경 베트남 중남부에 참파 왕조 건국

939년 북부 베트남 중국에서 독립하며 응오 왕조 성립

972년 레 왕조(전기) 성립

1009년 리 왕조 성립

1225년 쩐 왕조 성립

1288년 쩐흥다오가 몽골의 제3차 침입 격파

박당강

1428년 레 왕조(후기) 성립

1460년 레타인똥 즉위

1887년 프랑스령 인도차이나의 성립

1904년 판보이쩌우의 유신회 조직

레타인똥

1905년 일본에 유학생을 보내는 동유운동 시작

1930년 베트남 공산당 결성

1945년 북베트남 수립

1954년 베트남에서 프랑스 몰아냄

1969년 호찌민 사망

호찌민

1973년 베트남 전쟁 종료

1976년 남베트남 수립

세계사	한국사
기원전	**기원전**
3500년경 메소포타미아 문명 등장	2333년 고조선 건국
2500년경 인더스·황허 문명 등장	57년 신라 건국
753년 로마 건국	37년 고구려 건국
264년 포에니 전쟁	18년 백제 건국
27년 로마 제정 시작	**기원후**
기원후	532년 신라, 금관가야 병합
375년 게르만족 대이동 시작	698년 발해 건국
395년 로마 제국, 동서로 분열	918년 고려 건국
622년 헤지라(이슬람의 기원 원년)	1392년 고려 멸망, 조선 건국
1096년 십자군 원정 시작	1443년 훈민정음 창제
1302년 프랑스, 삼부회 소집	1592년 임진왜란(~1598)
1337년 영국–프랑스, 백 년 전쟁(~1453)	1866년 병인박해, 병인양요
1492년 콜럼버스, 아메리카 항로 발견	1871년 신미양요
1642년 영국, 청교도 혁명	1876년 강화도 조약 체결
1688년 영국, 명예혁명	1897년 대한 제국 수립
1776년 미국, 독립 선언	1910년 국권 강제로 빼앗김
1789년 프랑스, 프랑스 혁명	1919년 3·1 운동, 대한민국 임시 정부 수립
1914년 제1차 세계 대전	1945년 8·15 광복
1939년 제2차 세계 대전	1948년 대한민국 정부 수립